THIS TO-DO LIST
BELONGS TO

_____

TO DO LIST

TASK	PRIORITY
▪	○ ○ ○
▪	○ ○ ○
▪	○ ○ ○
▪	○ ○ ○
▪	○ ○ ○
▪	○ ○ ○
▪	○ ○ ○
▪	○ ○ ○
▪	○ ○ ○
▪	○ ○ ○
▪	○ ○ ○
▪	○ ○ ○
▪	○ ○ ○
▪	○ ○ ○
▪	○ ○ ○
▪	○ ○ ○
▪	○ ○ ○
▪	○ ○ ○

 LEAVE FOR LATER

 NO NEDD TO DO IT

NOTES

TO DO LIST

TASK	PRIORITY
▦	○ ○ ○
▦	○ ○ ○
▦	○ ○ ○
▦	○ ○ ○
▦	○ ○ ○
▦	○ ○ ○
▦	○ ○ ○
▦	○ ○ ○
▦	○ ○ ○
▦	○ ○ ○
▦	○ ○ ○
▦	○ ○ ○
▦	○ ○ ○
▦	○ ○ ○
▦	○ ○ ○
▦	○ ○ ○
▦	○ ○ ○
▦	○ ○ ○

 LEAVE FOR LATER

 NO NEDD TO DO IT

NOTES

TO DO LIST

 LEAVE FOR LATER

TASK	PRIORITY
▦	○ ○ ○
▦	○ ○ ○
▦	○ ○ ○
▦	○ ○ ○
▦	○ ○ ○
▦	○ ○ ○
▦	○ ○ ○
▦	○ ○ ○
▦	○ ○ ○
▦	○ ○ ○
▦	○ ○ ○
▦	○ ○ ○
▦	○ ○ ○
▦	○ ○ ○
▦	○ ○ ○
▦	○ ○ ○
▦	○ ○ ○
▦	○ ○ ○

❎ NO NEDD TO DO IT

NOTES

TO DO LIST

TASK   PRIORITY

 LEAVE FOR LATER

- ▪   ○ ○ ○
- ▪   ○ ○ ○
- ▪   ○ ○ ○
- ▪   ○ ○ ○
- ▪   ○ ○ ○
- ▪   ○ ○ ○
- ▪   ○ ○ ○   ❌ NO NEDD TO DO IT
- ▪   ○ ○ ○
- ▪   ○ ○ ○
- ▪   ○ ○ ○
- ▪   ○ ○ ○
- ▪   ○ ○ ○
- ▪   ○ ○ ○
- ▪   ○ ○ ○
- ▪   ○ ○ ○
- ▪   ○ ○ ○
- ▪   ○ ○ ○
- ▪   ○ ○ ○

NOTES

TO DO LIST

 LEAVE FOR LATER

TASK	PRIORITY
☐	○ ○ ○
☐	○ ○ ○
☐	○ ○ ○
☐	○ ○ ○
☐	○ ○ ○
☐	○ ○ ○
☐	○ ○ ○
☐	○ ○ ○
☐	○ ○ ○
☐	○ ○ ○
☐	○ ○ ○
☐	○ ○ ○
☐	○ ○ ○
☐	○ ○ ○
☐	○ ○ ○
☐	○ ○ ○
☐	○ ○ ○
☐	○ ○ ○
☐	○ ○ ○

☒ NO NEDD TO DO IT

NOTES

TO DO LIST

TASK   PRIORITY

 LEAVE FOR LATER

○ ○ ○

○ ○ ○

○ ○ ○

○ ○ ○

○ ○ ○

○ ○ ○

○ ○ ○   ❌ NO NEDD TO DO IT

○ ○ ○

○ ○ ○

○ ○ ○

○ ○ ○

○ ○ ○

○ ○ ○

○ ○ ○

○ ○ ○

○ ○ ○

○ ○ ○

NOTES

TO DO LIST

TASK	PRIORITY

 LEAVE FOR LATER

- ☐ .... ○ ○ ○
- ☐ .... ○ ○ ○
- ☐ .... ○ ○ ○
- ☐ .... ○ ○ ○
- ☐ .... ○ ○ ○
- ☐ .... ○ ○ ○
- ☐ .... ○ ○ ○

☒ NO NEDD TO DO IT

- ☐ .... ○ ○ ○
- ☐ .... ○ ○ ○
- ☐ .... ○ ○ ○
- ☐ .... ○ ○ ○
- ☐ .... ○ ○ ○
- ☐ .... ○ ○ ○
- ☐ .... ○ ○ ○
- ☐ .... ○ ○ ○
- ☐ .... ○ ○ ○
- ☐ .... ○ ○ ○
- ☐ .... ○ ○ ○

NOTES

TO DO LIST

TASK	PRIORITY
▦	○ ○ ○
▦	○ ○ ○
▦	○ ○ ○
▦	○ ○ ○
▦	○ ○ ○
▦	○ ○ ○
▦	○ ○ ○
▦	○ ○ ○
▦	○ ○ ○
▦	○ ○ ○
▦	○ ○ ○
▦	○ ○ ○
▦	○ ○ ○
▦	○ ○ ○
▦	○ ○ ○
▦	○ ○ ○
▦	○ ○ ○
▦	○ ○ ○

 LEAVE FOR LATER

 NO NEDD TO DO IT

NOTES

TO DO LIST

TASK | PRIORITY

 LEAVE FOR LATER

○ ○ ○

○ ○ ○

○ ○ ○

○ ○ ○

○ ○ ○

○ ○ ○

○ ○ ○

 NO NEDD TO DO IT

○ ○ ○

○ ○ ○

○ ○ ○

○ ○ ○

○ ○ ○

○ ○ ○

○ ○ ○

○ ○ ○

○ ○ ○

○ ○ ○

NOTES

TO DO LIST

Date: ___/___/___

LEAVE FOR LATER

TASK	PRIORITY
▪	○ ○ ○
▪	○ ○ ○
▪	○ ○ ○
▪	○ ○ ○
▪	○ ○ ○
▪	○ ○ ○
▪	○ ○ ○
▪	○ ○ ○
▪	○ ○ ○
▪	○ ○ ○
▪	○ ○ ○
▪	○ ○ ○
▪	○ ○ ○
▪	○ ○ ○
▪	○ ○ ○
▪	○ ○ ○
▪	○ ○ ○
▪	○ ○ ○
▪	○ ○ ○

☒ NO NEDD TO DO IT

NOTES

TO DO LIST

TASK   PRIORITY

 LEAVE FOR LATER

○ ○ ○

○ ○ ○

○ ○ ○

○ ○ ○

○ ○ ○

○ ○ ○

○ ○ ○   ☒ NO NEDD TO DO IT

○ ○ ○

○ ○ ○

○ ○ ○

○ ○ ○

○ ○ ○

○ ○ ○

○ ○ ○

○ ○ ○

○ ○ ○

○ ○ ○

NOTES

TO DO LIST

TASK	PRIORITY
■	○ ○ ○
■	○ ○ ○
■	○ ○ ○
■	○ ○ ○
■	○ ○ ○
■	○ ○ ○
■	○ ○ ○
■	○ ○ ○
■	○ ○ ○
■	○ ○ ○
■	○ ○ ○
■	○ ○ ○
■	○ ○ ○
■	○ ○ ○
■	○ ○ ○
■	○ ○ ○
■	○ ○ ○
■	○ ○ ○
■	○ ○ ○

LEAVE FOR LATER

NO NEDD TO DO IT

NOTES

- ☐
- ☐
- ☐

TO DO LIST

TASK   PRIORITY

 LEAVE FOR LATER

-      ○ ○ ○
-      ○ ○ ○
-      ○ ○ ○
-      ○ ○ ○
-      ○ ○ ○
-      ○ ○ ○
-      ○ ○ ○

 NO NEDD TO DO IT

-      ○ ○ ○
-      ○ ○ ○
-      ○ ○ ○
-      ○ ○ ○
-      ○ ○ ○
-      ○ ○ ○
-      ○ ○ ○
-      ○ ○ ○
-      ○ ○ ○
-      ○ ○ ○
-      ○ ○ ○

NOTES

TO DO LIST

TASK	PRIORITY

 LEAVE FOR LATER

- ▦ _____ ○ ○ ○
- ▦ _____ ○ ○ ○
- ▦ _____ ○ ○ ○
- ▦ _____ ○ ○ ○
- ▦ _____ ○ ○ ○
- ▦ _____ ○ ○ ○
- ▦ _____ ○ ○ ○

 NO NEDD TO DO IT

- ▦ _____ ○ ○ ○
- ▦ _____ ○ ○ ○
- ▦ _____ ○ ○ ○
- ▦ _____ ○ ○ ○
- ▦ _____ ○ ○ ○
- ▦ _____ ○ ○ ○
- ▦ _____ ○ ○ ○
- ▦ _____ ○ ○ ○
- ▦ _____ ○ ○ ○
- ▦ _____ ○ ○ ○
- ▦ _____ ○ ○ ○

NOTES

TO DO LIST

 LEAVE FOR LATER

TASK	PRIORITY
	○ ○ ○
	○ ○ ○
	○ ○ ○
	○ ○ ○
	○ ○ ○
	○ ○ ○
	○ ○ ○
	○ ○ ○
	○ ○ ○
	○ ○ ○
	○ ○ ○
	○ ○ ○
	○ ○ ○
	○ ○ ○
	○ ○ ○
	○ ○ ○
	○ ○ ○
	○ ○ ○

❌ NO NEDD TO DO IT

NOTES

TO DO LIST

TASK   PRIORITY

 LEAVE FOR LATER

- ○ ○ ○
- ○ ○ ○
- ○ ○ ○
- ○ ○ ○
- ○ ○ ○
- ○ ○ ○
- ○ ○ ○   ✖ NO NEDD TO DO IT
- ○ ○ ○
- ○ ○ ○
- ○ ○ ○
- ○ ○ ○
- ○ ○ ○
- ○ ○ ○
- ○ ○ ○
- ○ ○ ○
- ○ ○ ○
- ○ ○ ○

NOTES

TO DO LIST

 LEAVE FOR LATER

TASK	PRIORITY
▪	○ ○ ○
▪	○ ○ ○
▪	○ ○ ○
▪	○ ○ ○
▪	○ ○ ○
▪	○ ○ ○
▪	○ ○ ○
▪	○ ○ ○
▪	○ ○ ○
▪	○ ○ ○
▪	○ ○ ○
▪	○ ○ ○
▪	○ ○ ○
▪	○ ○ ○
▪	○ ○ ○
▪	○ ○ ○
▪	○ ○ ○
▪	○ ○ ○

☒ NO NEDD TO DO IT

NOTES

TO DO LIST

TASK	PRIORITY
▪	○ ○ ○
▪	○ ○ ○
▪	○ ○ ○
▪	○ ○ ○
▪	○ ○ ○
▪	○ ○ ○
▪	○ ○ ○
▪	○ ○ ○
▪	○ ○ ○
▪	○ ○ ○
▪	○ ○ ○
▪	○ ○ ○
▪	○ ○ ○
▪	○ ○ ○
▪	○ ○ ○
▪	○ ○ ○
▪	○ ○ ○
▪	○ ○ ○

 LEAVE FOR LATER

 NO NEDD TO DO IT

NOTES

☐
☐
☐

TO DO LIST

 LEAVE FOR LATER

TASK	PRIORITY
☐	○ ○ ○
☐	○ ○ ○
☐	○ ○ ○
☐	○ ○ ○
☐	○ ○ ○
☐	○ ○ ○
☐	○ ○ ○
☐	○ ○ ○
☐	○ ○ ○
☐	○ ○ ○
☐	○ ○ ○
☐	○ ○ ○
☐	○ ○ ○
☐	○ ○ ○
☐	○ ○ ○
☐	○ ○ ○
☐	○ ○ ○
☐	○ ○ ○

 NO NEDD TO DO IT

NOTES

☐
☐
☐

TO DO LIST

TASK   PRIORITY

 LEAVE FOR LATER

- _____   ○ ○ ○
- _____   ○ ○ ○
- _____   ○ ○ ○
- _____   ○ ○ ○
- _____   ○ ○ ○
- _____   ○ ○ ○
- _____   ○ ○ ○   ✕ NO NEDD TO DO IT
- _____   ○ ○ ○
- _____   ○ ○ ○
- _____   ○ ○ ○
- _____   ○ ○ ○
- _____   ○ ○ ○
- _____   ○ ○ ○
- _____   ○ ○ ○
- _____   ○ ○ ○
- _____   ○ ○ ○
- _____   ○ ○ ○
- _____   ○ ○ ○

NOTES

TO DO LIST

LEAVE FOR LATER

TASK	PRIORITY
▨	○ ○ ○
▨	○ ○ ○
▨	○ ○ ○
▨	○ ○ ○
▨	○ ○ ○
▨	○ ○ ○
▨	○ ○ ○
▨	○ ○ ○
▨	○ ○ ○
▨	○ ○ ○
▨	○ ○ ○
▨	○ ○ ○
▨	○ ○ ○
▨	○ ○ ○
▨	○ ○ ○
▨	○ ○ ○
▨	○ ○ ○
▨	○ ○ ○

❌ NO NEDD TO DO IT

NOTES

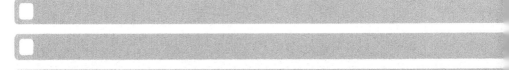

TO DO LIST

TASK | PRIORITY

 LEAVE FOR LATER

- ○ ○ ○
- ○ ○ ○
- ○ ○ ○
- ○ ○ ○
- ○ ○ ○
- ○ ○ ○
- ○ ○ ○

☒ NO NEDD TO DO IT

- ○ ○ ○
- ○ ○ ○
- ○ ○ ○
- ○ ○ ○
- ○ ○ ○
- ○ ○ ○
- ○ ○ ○
- ○ ○ ○
- ○ ○ ○
- ○ ○ ○
- ○ ○ ○

NOTES

TO DO LIST

TASK	PRIORITY
▪	○ ○ ○
▪	○ ○ ○
▪	○ ○ ○
▪	○ ○ ○
▪	○ ○ ○
▪	○ ○ ○
▪	○ ○ ○
▪	○ ○ ○
▪	○ ○ ○
▪	○ ○ ○
▪	○ ○ ○
▪	○ ○ ○
▪	○ ○ ○
▪	○ ○ ○
▪	○ ○ ○
▪	○ ○ ○
▪	○ ○ ○
▪	○ ○ ○

 LEAVE FOR LATER

 NO NEDD TO DO IT

NOTES

TO DO LIST

TASK	PRIORITY
▦	○ ○ ○
▦	○ ○ ○
▦	○ ○ ○
▦	○ ○ ○
▦	○ ○ ○
▦	○ ○ ○
▦	○ ○ ○
▦	○ ○ ○
▦	○ ○ ○
▦	○ ○ ○
▦	○ ○ ○
▦	○ ○ ○
▦	○ ○ ○
▦	○ ○ ○
▦	○ ○ ○
▦	○ ○ ○
▦	○ ○ ○
▦	○ ○ ○

 LEAVE FOR LATER

 NO NEDD TO DO IT

NOTES

TO DO LIST

TASK   PRIORITY

 LEAVE FOR LATER

- ○ ○ ○
- ○ ○ ○
- ○ ○ ○
- ○ ○ ○
- ○ ○ ○
- ○ ○ ○
- ○ ○ ○

X NO NEDD TO DO IT

- ○ ○ ○
- ○ ○ ○
- ○ ○ ○
- ○ ○ ○
- ○ ○ ○
- ○ ○ ○
- ○ ○ ○
- ○ ○ ○
- ○ ○ ○
- ○ ○ ○

NOTES

TO DO LIST

TASK	PRIORITY
	○ ○ ○
	○ ○ ○
	○ ○ ○
	○ ○ ○
	○ ○ ○
	○ ○ ○
	○ ○ ○
	○ ○ ○
	○ ○ ○
	○ ○ ○
	○ ○ ○
	○ ○ ○
	○ ○ ○
	○ ○ ○
	○ ○ ○
	○ ○ ○
	○ ○ ○
	○ ○ ○

 LEAVE FOR LATER

NO NEDD TO DO IT

NOTES

TO DO LIST

TASK   PRIORITY

 LEAVE FOR LATER

○ ○ ○

○ ○ ○

○ ○ ○

○ ○ ○

○ ○ ○

○ ○ ○

○ ○ ○   NO NEDD TO DO IT

○ ○ ○

○ ○ ○

○ ○ ○

○ ○ ○

○ ○ ○

○ ○ ○

○ ○ ○

○ ○ ○

○ ○ ○

○ ○ ○

NOTES

TO DO LIST

TASK	PRIORITY
▪	○ ○ ○
▪	○ ○ ○
▪	○ ○ ○
▪	○ ○ ○
▪	○ ○ ○
▪	○ ○ ○
▪	○ ○ ○
▪	○ ○ ○
▪	○ ○ ○
▪	○ ○ ○
▪	○ ○ ○
▪	○ ○ ○
▪	○ ○ ○
▪	○ ○ ○
▪	○ ○ ○
▪	○ ○ ○
▪	○ ○ ○
▪	○ ○ ○
▪	○ ○ ○

 LEAVE FOR LATER

✖ NO NEDD TO DO IT

NOTES

TO DO LIST

TASK	PRIORITY
▪	○ ○ ○
▪	○ ○ ○
▪	○ ○ ○
▪	○ ○ ○
▪	○ ○ ○
▪	○ ○ ○
▪	○ ○ ○
▪	○ ○ ○
▪	○ ○ ○
▪	○ ○ ○
▪	○ ○ ○
▪	○ ○ ○
▪	○ ○ ○
▪	○ ○ ○
▪	○ ○ ○
▪	○ ○ ○
▪	○ ○ ○
▪	○ ○ ○

 LEAVE FOR LATER

 NO NEDD TO DO IT

NOTES

TO DO LIST

TASK   PRIORITY

 LEAVE FOR LATER

- ☐   ○ ○ ○
- ☐   ○ ○ ○
- ☐   ○ ○ ○
- ☐   ○ ○ ○
- ☐   ○ ○ ○
- ☐   ○ ○ ○
- ☐   ○ ○ ○

☒ NO NEDD TO DO IT

- ☐   ○ ○ ○
- ☐   ○ ○ ○
- ☐   ○ ○ ○
- ☐   ○ ○ ○
- ☐   ○ ○ ○
- ☐   ○ ○ ○
- ☐   ○ ○ ○
- ☐   ○ ○ ○
- ☐   ○ ○ ○
- ☐   ○ ○ ○

NOTES

☐

☐

☐

TO DO LIST

TASK	PRIORITY

LEAVE FOR LATER

- ○ ○ ○
- ○ ○ ○
- ○ ○ ○
- ○ ○ ○
- ○ ○ ○
- ○ ○ ○
- ○ ○ ○

NO NEDD TO DO IT

- ○ ○ ○
- ○ ○ ○
- ○ ○ ○
- ○ ○ ○
- ○ ○ ○
- ○ ○ ○
- ○ ○ ○
- ○ ○ ○
- ○ ○ ○
- ○ ○ ○
- ○ ○ ○

NOTES

TO DO LIST

TASK   PRIORITY

 LEAVE FOR LATER

- ○ ○ ○
- ○ ○ ○
- ○ ○ ○
- ○ ○ ○
- ○ ○ ○
- ○ ○ ○
- ○ ○ ○

X NO NEDD TO DO IT

- ○ ○ ○
- ○ ○ ○
- ○ ○ ○
- ○ ○ ○
- ○ ○ ○
- ○ ○ ○
- ○ ○ ○
- ○ ○ ○
- ○ ○ ○
- ○ ○ ○

NOTES

TO DO LIST

TASK   PRIORITY

 LEAVE FOR LATER

- [ ] ⬛ .... ○ ○ ○
- [ ] ⬛ .... ○ ○ ○
- [ ] ⬛ .... ○ ○ ○
- [ ] ⬛ .... ○ ○ ○
- [ ] ⬛ .... ○ ○ ○
- [ ] ⬛ .... ○ ○ ○
- [ ] ⬛ .... ○ ○ ○

☒ NO NEDD TO DO IT

- [ ] ⬛ .... ○ ○ ○
- [ ] ⬛ .... ○ ○ ○
- [ ] ⬛ .... ○ ○ ○
- [ ] ⬛ .... ○ ○ ○
- [ ] ⬛ .... ○ ○ ○
- [ ] ⬛ .... ○ ○ ○
- [ ] ⬛ .... ○ ○ ○
- [ ] ⬛ .... ○ ○ ○
- [ ] ⬛ .... ○ ○ ○
- [ ] ⬛ .... ○ ○ ○
- [ ] ⬛ .... ○ ○ ○

NOTES

TO DO LIST

TASK	PRIORITY

 LEAVE FOR LATER

☐ .... ○ ○ ○
☐ .... ○ ○ ○
☐ .... ○ ○ ○
☐ .... ○ ○ ○
☐ .... ○ ○ ○
☐ .... ○ ○ ○
☐ .... ○ ○ ○

☒ NO NEDD TO DO IT

☐ .... ○ ○ ○
☐ .... ○ ○ ○
☐ .... ○ ○ ○
☐ .... ○ ○ ○
☐ .... ○ ○ ○
☐ .... ○ ○ ○
☐ .... ○ ○ ○
☐ .... ○ ○ ○
☐ .... ○ ○ ○
☐ .... ○ ○ ○
☐ .... ○ ○ ○

NOTES

TO DO LIST

TASK	PRIORITY
▦	○ ○ ○
▦	○ ○ ○
▦	○ ○ ○
▦	○ ○ ○
▦	○ ○ ○
▦	○ ○ ○
▦	○ ○ ○
▦	○ ○ ○
▦	○ ○ ○
▦	○ ○ ○
▦	○ ○ ○
▦	○ ○ ○
▦	○ ○ ○
▦	○ ○ ○
▦	○ ○ ○
▦	○ ○ ○
▦	○ ○ ○
▦	○ ○ ○

 LEAVE FOR LATER

NO NEDD TO DO IT

NOTES

TO DO LIST

🕐 LEAVE FOR LATER

TASK	PRIORITY
▪	○ ○ ○
▪	○ ○ ○
▪	○ ○ ○
▪	○ ○ ○
▪	○ ○ ○
▪	○ ○ ○
▪	○ ○ ○
▪	○ ○ ○
▪	○ ○ ○
▪	○ ○ ○
▪	○ ○ ○
▪	○ ○ ○
▪	○ ○ ○
▪	○ ○ ○
▪	○ ○ ○
▪	○ ○ ○
▪	○ ○ ○
▪	○ ○ ○
▪	○ ○ ○

❌ NO NEDD TO DO IT

NOTES

TO DO LIST

TASK   PRIORITY

LEAVE FOR LATER

○ ○ ○

○ ○ ○

○ ○ ○

○ ○ ○

○ ○ ○

○ ○ ○

○ ○ ○

○ ○ ○

○ ○ ○

○ ○ ○

○ ○ ○

○ ○ ○

○ ○ ○

○ ○ ○

○ ○ ○

○ ○ ○

○ ○ ○

NO NEDD TO DO IT

NOTES

TO DO LIST

 LEAVE FOR LATER

TASK	PRIORITY
▣	○ ○ ○
▣	○ ○ ○
▣	○ ○ ○
▣	○ ○ ○
▣	○ ○ ○
▣	○ ○ ○
▣	○ ○ ○
▣	○ ○ ○
▣	○ ○ ○
▣	○ ○ ○
▣	○ ○ ○
▣	○ ○ ○
▣	○ ○ ○
▣	○ ○ ○
▣	○ ○ ○
▣	○ ○ ○
▣	○ ○ ○
▣	○ ○ ○

☒ NO NEDD TO DO IT

NOTES

TO DO LIST

TASK	PRIORITY

 LEAVE FOR LATER

▪ .... ○ ○ ○

▪ .... ○ ○ ○

▪ .... ○ ○ ○

▪ .... ○ ○ ○

▪ .... ○ ○ ○

▪ .... ○ ○ ○

▪ .... ○ ○ ○

▪ .... ○ ○ ○

NO NEDD TO DO IT

▪ .... ○ ○ ○

▪ .... ○ ○ ○

▪ .... ○ ○ ○

▪ .... ○ ○ ○

▪ .... ○ ○ ○

▪ .... ○ ○ ○

▪ .... ○ ○ ○

▪ .... ○ ○ ○

▪ .... ○ ○ ○

▪ .... ○ ○ ○

NOTES

TO DO LIST

Date: ___ / ___ / ___

TASK	PRIORITY

 LEAVE FOR LATER

TASK   PRIORITY

◻ _____ ○ ○ ○

◻ _____ ○ ○ ○

◻ _____ ○ ○ ○

◻ _____ ○ ○ ○

◻ _____ ○ ○ ○

◻ _____ ○ ○ ○

◻ _____ ○ ○ ○

 NO NEDD TO DO IT

◻ _____ ○ ○ ○

◻ _____ ○ ○ ○

◻ _____ ○ ○ ○

◻ _____ ○ ○ ○

◻ _____ ○ ○ ○

◻ _____ ○ ○ ○

◻ _____ ○ ○ ○

◻ _____ ○ ○ ○

◻ _____ ○ ○ ○

◻ _____ ○ ○ ○

◻ _____ ○ ○ ○

NOTES

TO DO LIST

TASK

PRIORITY

 LEAVE FOR LATER

○ ○ ○

○ ○ ○

○ ○ ○

○ ○ ○

○ ○ ○

○ ○ ○

✕ NO NEDD TO DO IT

○ ○ ○

○ ○ ○

○ ○ ○

○ ○ ○

○ ○ ○

○ ○ ○

○ ○ ○

○ ○ ○

○ ○ ○

○ ○ ○

NOTES

TO DO LIST

 LEAVE FOR LATER

TASK	PRIORITY
⬛	○ ○ ○
⬛	○ ○ ○
⬛	○ ○ ○
⬛	○ ○ ○
⬛	○ ○ ○
⬛	○ ○ ○
⬛	○ ○ ○
⬛	○ ○ ○
⬛	○ ○ ○
⬛	○ ○ ○
⬛	○ ○ ○
⬛	○ ○ ○
⬛	○ ○ ○
⬛	○ ○ ○
⬛	○ ○ ○
⬛	○ ○ ○
⬛	○ ○ ○
⬛	○ ○ ○
⬛	○ ○ ○

❌ NO NEDD TO DO IT

NOTES

TO DO LIST

 LEAVE FOR LATER

TASK	PRIORITY
	○ ○ ○
	○ ○ ○
	○ ○ ○
	○ ○ ○
	○ ○ ○
	○ ○ ○
	○ ○ ○
	○ ○ ○
	○ ○ ○
	○ ○ ○
	○ ○ ○
	○ ○ ○
	○ ○ ○
	○ ○ ○
	○ ○ ○
	○ ○ ○
	○ ○ ○
	○ ○ ○

❌ NO NEDD TO DO IT

NOTES

TO DO LIST

TASK	PRIORITY
	○ ○ ○
	○ ○ ○
	○ ○ ○
	○ ○ ○
	○ ○ ○
	○ ○ ○
	○ ○ ○
	○ ○ ○
	○ ○ ○
	○ ○ ○
	○ ○ ○
	○ ○ ○
	○ ○ ○
	○ ○ ○
	○ ○ ○
	○ ○ ○
	○ ○ ○
	○ ○ ○

 LEAVE FOR LATER

NO NEDD TO DO IT

NOTES

TO DO LIST

TASK	PRIORITY
▦	○ ○ ○
▦	○ ○ ○
▦	○ ○ ○
▦	○ ○ ○
▦	○ ○ ○
▦	○ ○ ○
▦	○ ○ ○
▦	○ ○ ○
▦	○ ○ ○
▦	○ ○ ○
▦	○ ○ ○
▦	○ ○ ○
▦	○ ○ ○
▦	○ ○ ○
▦	○ ○ ○
▦	○ ○ ○
▦	○ ○ ○
▦	○ ○ ○

 LEAVE FOR LATER

NO NEDD TO DO IT

NOTES

TO DO LIST

TASK   PRIORITY

 LEAVE FOR LATER

- ⬜ .... ○ ○ ○
- ⬜ .... ○ ○ ○
- ⬜ .... ○ ○ ○
- ⬜ .... ○ ○ ○
- ⬜ .... ○ ○ ○
- ⬜ .... ○ ○ ○
- ⬜ .... ○ ○ ○

 NO NEDD TO DO IT

- ⬜ .... ○ ○ ○
- ⬜ .... ○ ○ ○
- ⬜ .... ○ ○ ○
- ⬜ .... ○ ○ ○
- ⬜ .... ○ ○ ○
- ⬜ .... ○ ○ ○
- ⬜ .... ○ ○ ○
- ⬜ .... ○ ○ ○
- ⬜ .... ○ ○ ○
- ⬜ .... ○ ○ ○

NOTES

-
-
-

TO DO LIST

 LEAVE FOR LATER

TASK	PRIORITY
▦	○ ○ ○
▦	○ ○ ○
▦	○ ○ ○
▦	○ ○ ○
▦	○ ○ ○
▦	○ ○ ○
▦	○ ○ ○
▦	○ ○ ○
▦	○ ○ ○
▦	○ ○ ○
▦	○ ○ ○
▦	○ ○ ○
▦	○ ○ ○
▦	○ ○ ○
▦	○ ○ ○
▦	○ ○ ○
▦	○ ○ ○
▦	○ ○ ○
▦	○ ○ ○

☒ NO NEDD TO DO IT

NOTES

TO DO LIST

Date: ____/____/____

TASK   PRIORITY

 LEAVE FOR LATER

○ ○ ○

○ ○ ○

○ ○ ○

○ ○ ○

○ ○ ○

○ ○ ○

○ ○ ○   ☒ NO NEDD TO DO IT

○ ○ ○

○ ○ ○

○ ○ ○

○ ○ ○

○ ○ ○

○ ○ ○

○ ○ ○

○ ○ ○

○ ○ ○

○ ○ ○

NOTES

TO DO LIST

Date: ___/___/___

TASK	PRIORITY

 LEAVE FOR LATER

	○ ○ ○
	○ ○ ○
	○ ○ ○
	○ ○ ○
	○ ○ ○
	○ ○ ○
	○ ○ ○

NO NEDD TO DO IT

	○ ○ ○
	○ ○ ○
	○ ○ ○
	○ ○ ○
	○ ○ ○
	○ ○ ○
	○ ○ ○
	○ ○ ○
	○ ○ ○

NOTES

TO DO LIST

TASK	PRIORITY
�®	○ ○ ○
�®	○ ○ ○
�®	○ ○ ○
�®	○ ○ ○
�®	○ ○ ○
�®	○ ○ ○
�®	○ ○ ○
�®	○ ○ ○
�®	○ ○ ○
�®	○ ○ ○
�®	○ ○ ○
�®	○ ○ ○
�®	○ ○ ○
�®	○ ○ ○
�®	○ ○ ○
�®	○ ○ ○
�®	○ ○ ○
�®	○ ○ ○

 LEAVE FOR LATER

 NO NEDD TO DO IT

NOTES

TO DO LIST

TASK   PRIORITY

 LEAVE FOR LATER

- ○ ○ ○
- ○ ○ ○
- ○ ○ ○
- ○ ○ ○
- ○ ○ ○
- ○ ○ ○
- ○ ○ ○   **NO NEDD TO DO IT**
- ○ ○ ○
- ○ ○ ○
- ○ ○ ○
- ○ ○ ○
- ○ ○ ○
- ○ ○ ○
- ○ ○ ○
- ○ ○ ○
- ○ ○ ○
- ○ ○ ○
- ○ ○ ○

NOTES

TO DO LIST

Date: ___/___/___

LEAVE FOR LATER

TASK	PRIORITY
	○ ○ ○
	○ ○ ○
	○ ○ ○
	○ ○ ○
	○ ○ ○
	○ ○ ○
	○ ○ ○
	○ ○ ○
	○ ○ ○
	○ ○ ○
	○ ○ ○
	○ ○ ○
	○ ○ ○
	○ ○ ○
	○ ○ ○
	○ ○ ○
	○ ○ ○
	○ ○ ○

NO NEDD TO DO IT

NOTES

TO DO LIST

TASK

PRIORITY

 LEAVE FOR LATER

○ ○ ○
○ ○ ○
○ ○ ○
○ ○ ○
○ ○ ○
○ ○ ○
○ ○ ○

❌ NO NEDD TO DO IT

○ ○ ○
○ ○ ○
○ ○ ○
○ ○ ○
○ ○ ○
○ ○ ○
○ ○ ○
○ ○ ○
○ ○ ○

NOTES

TO DO LIST

TASK   PRIORITY

 LEAVE FOR LATER

- ▪ .... ○ ○ ○
- ▪ .... ○ ○ ○
- ▪ .... ○ ○ ○
- ▪ .... ○ ○ ○
- ▪ .... ○ ○ ○
- ▪ .... ○ ○ ○
- ▪ .... ○ ○ ○   ☒ NO NEDD TO DO IT
- ▪ .... ○ ○ ○
- ▪ .... ○ ○ ○
- ▪ .... ○ ○ ○
- ▪ .... ○ ○ ○
- ▪ .... ○ ○ ○
- ▪ .... ○ ○ ○
- ▪ .... ○ ○ ○
- ▪ .... ○ ○ ○
- ▪ .... ○ ○ ○
- ▪ .... ○ ○ ○
- ▪ .... ○ ○ ○

NOTES

TO DO LIST

TASK	PRIORITY

 LEAVE FOR LATER

⊠ NO NEDD TO DO IT

NOTES

TO DO LIST

TASK	PRIORITY
▦	○ ○ ○
▦	○ ○ ○
▦	○ ○ ○
▦	○ ○ ○
▦	○ ○ ○
▦	○ ○ ○
▦	○ ○ ○
▦	○ ○ ○
▦	○ ○ ○
▦	○ ○ ○
▦	○ ○ ○
▦	○ ○ ○
▦	○ ○ ○
▦	○ ○ ○
▦	○ ○ ○
▦	○ ○ ○
▦	○ ○ ○
▦	○ ○ ○

 LEAVE FOR LATER

 NO NEDD TO DO IT

NOTES

TO DO LIST

 LEAVE FOR LATER

TASK	PRIORITY
	○ ○ ○
	○ ○ ○
	○ ○ ○
	○ ○ ○
	○ ○ ○
	○ ○ ○
	○ ○ ○
	○ ○ ○
	○ ○ ○
	○ ○ ○
	○ ○ ○
	○ ○ ○
	○ ○ ○
	○ ○ ○
	○ ○ ○
	○ ○ ○
	○ ○ ○
	○ ○ ○

✖ NO NEDD TO DO IT

NOTES

TO DO LIST

Date: ___/___/___

TASK   PRIORITY

 LEAVE FOR LATER

○ ○ ○

○ ○ ○

○ ○ ○

○ ○ ○

○ ○ ○

○ ○ ○

○ ○ ○   NO NEDD TO DO IT

○ ○ ○

○ ○ ○

○ ○ ○

○ ○ ○

○ ○ ○

○ ○ ○

○ ○ ○

○ ○ ○

○ ○ ○

○ ○ ○

NOTES

TO DO LIST

TASK	PRIORITY

LEAVE FOR LATER

- ⬜ _____ ○ ○ ○
- ⬜ _____ ○ ○ ○
- ⬜ _____ ○ ○ ○
- ⬜ _____ ○ ○ ○
- ⬜ _____ ○ ○ ○
- ⬜ _____ ○ ○ ○
- ⬜ _____ ○ ○ ○

❌ NO NEDD TO DO IT

- ⬜ _____ ○ ○ ○
- ⬜ _____ ○ ○ ○
- ⬜ _____ ○ ○ ○
- ⬜ _____ ○ ○ ○
- ⬜ _____ ○ ○ ○
- ⬜ _____ ○ ○ ○
- ⬜ _____ ○ ○ ○
- ⬜ _____ ○ ○ ○
- ⬜ _____ ○ ○ ○
- ⬜ _____ ○ ○ ○
- ⬜ _____ ○ ○ ○

NOTES

TO DO LIST

Date: ___ /___ /___

TASK   PRIORITY

 LEAVE FOR LATER

- ▪ .... ○ ○ ○
- ▪ .... ○ ○ ○
- ▪ .... ○ ○ ○
- ▪ .... ○ ○ ○
- ▪ .... ○ ○ ○
- ▪ .... ○ ○ ○
- ▪ .... ○ ○ ○    NO NEDD TO DO IT
- ▪ .... ○ ○ ○
- ▪ .... ○ ○ ○
- ▪ .... ○ ○ ○
- ▪ .... ○ ○ ○
- ▪ .... ○ ○ ○
- ▪ .... ○ ○ ○
- ▪ .... ○ ○ ○
- ▪ .... ○ ○ ○
- ▪ .... ○ ○ ○
- ▪ .... ○ ○ ○
- ▪ .... ○ ○ ○

NOTES

TO DO LIST

TASK	PRIORITY

 LEAVE FOR LATER

- ▨ .... ○ ○ ○
- ▨ .... ○ ○ ○
- ▨ .... ○ ○ ○
- ▨ .... ○ ○ ○
- ▨ .... ○ ○ ○
- ▨ .... ○ ○ ○
- ▨ .... ○ ○ ○

 NO NEDD TO DO IT

- ▨ .... ○ ○ ○
- ▨ .... ○ ○ ○
- ▨ .... ○ ○ ○
- ▨ .... ○ ○ ○
- ▨ .... ○ ○ ○
- ▨ .... ○ ○ ○
- ▨ .... ○ ○ ○
- ▨ .... ○ ○ ○
- ▨ .... ○ ○ ○
- ▨ .... ○ ○ ○
- ▨ .... ○ ○ ○

NOTES

TO DO LIST

TASK   PRIORITY

 LEAVE FOR LATER

⬜   ○ ○ ○

⬜   ○ ○ ○

⬜   ○ ○ ○

⬜   ○ ○ ○

⬜   ○ ○ ○

⬜   ○ ○ ○

⬜   ○ ○ ○   ❌ NO NEDD TO DO IT

⬜   ○ ○ ○

⬜   ○ ○ ○

⬜   ○ ○ ○

⬜   ○ ○ ○

⬜   ○ ○ ○

⬜   ○ ○ ○

⬜   ○ ○ ○

⬜   ○ ○ ○

⬜   ○ ○ ○

⬜   ○ ○ ○

⬜   ○ ○ ○

NOTES

TO DO LIST

 LEAVE FOR LATER

TASK	PRIORITY
■	○ ○ ○
■	○ ○ ○
■	○ ○ ○
■	○ ○ ○
■	○ ○ ○
■	○ ○ ○
■	○ ○ ○
■	○ ○ ○

❌ NO NEDD TO DO IT

■	○ ○ ○
■	○ ○ ○
■	○ ○ ○
■	○ ○ ○
■	○ ○ ○
■	○ ○ ○
■	○ ○ ○
■	○ ○ ○
■	○ ○ ○
■	○ ○ ○

NOTES

TO DO LIST

TASK	PRIORITY

 LEAVE FOR LATER

☐   ○ ○ ○

☐   ○ ○ ○

☐   ○ ○ ○

☐   ○ ○ ○

☐   ○ ○ ○

☐   ○ ○ ○

☐   ○ ○ ○   ✖ NO NEDD TO DO IT

☐   ○ ○ ○

☐   ○ ○ ○

☐   ○ ○ ○

☐   ○ ○ ○

☐   ○ ○ ○

☐   ○ ○ ○

☐   ○ ○ ○

☐   ○ ○ ○

☐   ○ ○ ○

☐   ○ ○ ○

☐   ○ ○ ○

NOTES

TO DO LIST

Date: ___ / ___ / ___

TASK	PRIORITY

 LEAVE FOR LATER

☐ _____ ○ ○ ○

☐ _____ ○ ○ ○

☐ _____ ○ ○ ○

☐ _____ ○ ○ ○

☐ _____ ○ ○ ○

☐ _____ ○ ○ ○

☐ _____ ○ ○ ○

☒ NO NEDD TO DO IT

☐ _____ ○ ○ ○

☐ _____ ○ ○ ○

☐ _____ ○ ○ ○

☐ _____ ○ ○ ○

☐ _____ ○ ○ ○

☐ _____ ○ ○ ○

☐ _____ ○ ○ ○

☐ _____ ○ ○ ○

☐ _____ ○ ○ ○

☐ _____ ○ ○ ○

NOTES

☐ _____

☐ _____

☐ _____

TO DO LIST

Date: ___/___/___

 LEAVE FOR LATER

TASK	PRIORITY
	○ ○ ○
	○ ○ ○
	○ ○ ○
	○ ○ ○
	○ ○ ○
	○ ○ ○
	○ ○ ○
	○ ○ ○
	○ ○ ○
	○ ○ ○
	○ ○ ○
	○ ○ ○
	○ ○ ○
	○ ○ ○
	○ ○ ○
	○ ○ ○
	○ ○ ○
	○ ○ ○

 NO NEDD TO DO IT

NOTES

TO DO LIST

TASK	PRIORITY
	○ ○ ○
	○ ○ ○
	○ ○ ○
	○ ○ ○
	○ ○ ○
	○ ○ ○
	○ ○ ○
	○ ○ ○
	○ ○ ○
	○ ○ ○
	○ ○ ○
	○ ○ ○
	○ ○ ○
	○ ○ ○
	○ ○ ○
	○ ○ ○
	○ ○ ○
	○ ○ ○
	○ ○ ○

 LEAVE FOR LATER

NO NEDD TO DO IT

NOTES

TO DO LIST

TASK	PRIORITY

 LEAVE FOR LATER

- ☐ ○ ○ ○
- ☐ ○ ○ ○
- ☐ ○ ○ ○
- ☐ ○ ○ ○
- ☐ ○ ○ ○
- ☐ ○ ○ ○
- ☐ ○ ○ ○

❎ NO NEDD TO DO IT

- ☐ ○ ○ ○
- ☐ ○ ○ ○
- ☐ ○ ○ ○
- ☐ ○ ○ ○
- ☐ ○ ○ ○
- ☐ ○ ○ ○
- ☐ ○ ○ ○
- ☐ ○ ○ ○
- ☐ ○ ○ ○
- ☐ ○ ○ ○
- ☐ ○ ○ ○

NOTES

TO DO LIST

TASK

PRIORITY

 LEAVE FOR LATER

○ ○ ○

○ ○ ○

○ ○ ○

○ ○ ○

○ ○ ○

○ ○ ○

○ ○ ○

 NO NEDD TO DO IT

○ ○ ○

○ ○ ○

○ ○ ○

○ ○ ○

○ ○ ○

○ ○ ○

○ ○ ○

○ ○ ○

○ ○ ○

○ ○ ○

NOTES

TO DO LIST

Date: ___ / ___ / ___

 LEAVE FOR LATER

TASK	PRIORITY
▦ _____	○ ○ ○
▦ _____	○ ○ ○
▦ _____	○ ○ ○
▦ _____	○ ○ ○
▦ _____	○ ○ ○
▦ _____	○ ○ ○
▦ _____	○ ○ ○
▦ _____	○ ○ ○
▦ _____	○ ○ ○
▦ _____	○ ○ ○
▦ _____	○ ○ ○
▦ _____	○ ○ ○
▦ _____	○ ○ ○
▦ _____	○ ○ ○
▦ _____	○ ○ ○
▦ _____	○ ○ ○
▦ _____	○ ○ ○
▦ _____	○ ○ ○

☒ NO NEDD TO DO IT

NOTES

TO DO LIST

TASK	PRIORITY
▪ _____	○ ○ ○
▪ _____	○ ○ ○
▪ _____	○ ○ ○
▪ _____	○ ○ ○
▪ _____	○ ○ ○
▪ _____	○ ○ ○
▪ _____	○ ○ ○
▪ _____	○ ○ ○
▪ _____	○ ○ ○
▪ _____	○ ○ ○
▪ _____	○ ○ ○
▪ _____	○ ○ ○
▪ _____	○ ○ ○
▪ _____	○ ○ ○
▪ _____	○ ○ ○
▪ _____	○ ○ ○
▪ _____	○ ○ ○
▪ _____	○ ○ ○

 LEAVE FOR LATER

 NO NEDD TO DO IT

NOTES

TO DO LIST

TASK   PRIORITY

 LEAVE FOR LATER

- _____ ○ ○ ○
- _____ ○ ○ ○
- _____ ○ ○ ○
- _____ ○ ○ ○
- _____ ○ ○ ○
- _____ ○ ○ ○
- _____ ○ ○ ○

☒ NO NEDD TO DO IT

- _____ ○ ○ ○
- _____ ○ ○ ○
- _____ ○ ○ ○
- _____ ○ ○ ○
- _____ ○ ○ ○
- _____ ○ ○ ○
- _____ ○ ○ ○
- _____ ○ ○ ○
- _____ ○ ○ ○

NOTES

TO DO LIST

Date: ___/___/___

TASK   PRIORITY

 LEAVE FOR LATER

- ▧ _____ ○ ○ ○
- ▧ _____ ○ ○ ○
- ▧ _____ ○ ○ ○
- ▧ _____ ○ ○ ○
- ▧ _____ ○ ○ ○
- ▧ _____ ○ ○ ○
- ▧ _____ ○ ○ ○

✕ NO NEDD TO DO IT

- ▧ _____ ○ ○ ○
- ▧ _____ ○ ○ ○
- ▧ _____ ○ ○ ○
- ▧ _____ ○ ○ ○
- ▧ _____ ○ ○ ○
- ▧ _____ ○ ○ ○
- ▧ _____ ○ ○ ○
- ▧ _____ ○ ○ ○
- ▧ _____ ○ ○ ○
- ▧ _____ ○ ○ ○
- ▧ _____ ○ ○ ○

NOTES

TO DO LIST

TASK   PRIORITY

 LEAVE FOR LATER

○ ○ ○

○ ○ ○

○ ○ ○

○ ○ ○

○ ○ ○

○ ○ ○

○ ○ ○   ☒ NO NEDD TO DO IT

○ ○ ○

○ ○ ○

○ ○ ○

○ ○ ○

○ ○ ○

○ ○ ○

○ ○ ○

○ ○ ○

○ ○ ○

○ ○ ○

○ ○ ○

NOTES

TO DO LIST

TASK	PRIORITY

 LEAVE FOR LATER

☐ .... ○ ○ ○

☐ .... ○ ○ ○

☐ .... ○ ○ ○

☐ .... ○ ○ ○

☐ .... ○ ○ ○

☐ .... ○ ○ ○

☐ .... ○ ○ ○ ☒ NO NEDD TO DO IT

☐ .... ○ ○ ○

☐ .... ○ ○ ○

☐ .... ○ ○ ○

☐ .... ○ ○ ○

☐ .... ○ ○ ○

☐ .... ○ ○ ○

☐ .... ○ ○ ○

☐ .... ○ ○ ○

☐ .... ○ ○ ○

☐ .... ○ ○ ○

☐ .... ○ ○ ○

NOTES

TO DO LIST

Date: ___ / ___ / ___

 LEAVE FOR LATER

TASK	PRIORITY
	○ ○ ○
	○ ○ ○
	○ ○ ○
	○ ○ ○
	○ ○ ○
	○ ○ ○
	○ ○ ○
	○ ○ ○
	○ ○ ○
	○ ○ ○
	○ ○ ○
	○ ○ ○
	○ ○ ○
	○ ○ ○
	○ ○ ○
	○ ○ ○
	○ ○ ○
	○ ○ ○

 NO NEDD TO DO IT

NOTES

TO DO LIST

TASK	PRIORITY
▩	○ ○ ○
▩	○ ○ ○
▩	○ ○ ○
▩	○ ○ ○
▩	○ ○ ○
▩	○ ○ ○
▩	○ ○ ○
▩	○ ○ ○
▩	○ ○ ○
▩	○ ○ ○
▩	○ ○ ○
▩	○ ○ ○
▩	○ ○ ○
▩	○ ○ ○
▩	○ ○ ○
▩	○ ○ ○
▩	○ ○ ○
▩	○ ○ ○

 LEAVE FOR LATER

 NO NEDD TO DO IT

NOTES

TO DO LIST

 LEAVE FOR LATER

TASK	PRIORITY
▪	○ ○ ○
▪	○ ○ ○
▪	○ ○ ○
▪	○ ○ ○
▪	○ ○ ○
▪	○ ○ ○
▪	○ ○ ○
▪	○ ○ ○
▪	○ ○ ○
▪	○ ○ ○
▪	○ ○ ○
▪	○ ○ ○
▪	○ ○ ○
▪	○ ○ ○
▪	○ ○ ○
▪	○ ○ ○
▪	○ ○ ○
▪	○ ○ ○

☒ NO NEDD TO DO IT

NOTES

TO DO LIST

TASK   PRIORITY

 LEAVE FOR LATER

○ ○ ○

○ ○ ○

○ ○ ○

○ ○ ○

○ ○ ○

○ ○ ○

○ ○ ○   ☒ NO NEDD TO DO IT

○ ○ ○

○ ○ ○

○ ○ ○

○ ○ ○

○ ○ ○

○ ○ ○

○ ○ ○

○ ○ ○

○ ○ ○

○ ○ ○

NOTES

TO DO LIST

 LEAVE FOR LATER

TASK	PRIORITY
▪	○ ○ ○
▪	○ ○ ○
▪	○ ○ ○
▪	○ ○ ○
▪	○ ○ ○
▪	○ ○ ○
▪	○ ○ ○
▪	○ ○ ○
▪	○ ○ ○
▪	○ ○ ○
▪	○ ○ ○
▪	○ ○ ○
▪	○ ○ ○
▪	○ ○ ○
▪	○ ○ ○
▪	○ ○ ○
▪	○ ○ ○
▪	○ ○ ○

☒ NO NEDD TO DO IT

NOTES

TO DO LIST

TASK	PRIORITY

 LEAVE FOR LATER

- ▪ _____ ○ ○ ○
- ▪ _____ ○ ○ ○
- ▪ _____ ○ ○ ○
- ▪ _____ ○ ○ ○
- ▪ _____ ○ ○ ○
- ▪ _____ ○ ○ ○
- ▪ _____ ○ ○ ○

NO NEDD TO DO IT

- ▪ _____ ○ ○ ○
- ▪ _____ ○ ○ ○
- ▪ _____ ○ ○ ○
- ▪ _____ ○ ○ ○
- ▪ _____ ○ ○ ○
- ▪ _____ ○ ○ ○
- ▪ _____ ○ ○ ○
- ▪ _____ ○ ○ ○
- ▪ _____ ○ ○ ○
- ▪ _____ ○ ○ ○
- ▪ _____ ○ ○ ○

NOTES

TO DO LIST

TASK	PRIORITY

 LEAVE FOR LATER

- ☐ _____ ○ ○ ○
- ☐ _____ ○ ○ ○
- ☐ _____ ○ ○ ○
- ☐ _____ ○ ○ ○
- ☐ _____ ○ ○ ○
- ☐ _____ ○ ○ ○
- ☐ _____ ○ ○ ○   ☒ NO NEDD TO DO IT
- ☐ _____ ○ ○ ○
- ☐ _____ ○ ○ ○
- ☐ _____ ○ ○ ○
- ☐ _____ ○ ○ ○
- ☐ _____ ○ ○ ○
- ☐ _____ ○ ○ ○
- ☐ _____ ○ ○ ○
- ☐ _____ ○ ○ ○
- ☐ _____ ○ ○ ○
- ☐ _____ ○ ○ ○
- ☐ _____ ○ ○ ○

NOTES

TO DO LIST

Date: ___ / ___ / ___

TASK	PRIORITY
	○ ○ ○
	○ ○ ○
	○ ○ ○
	○ ○ ○
	○ ○ ○
	○ ○ ○
	○ ○ ○
	○ ○ ○
	○ ○ ○
	○ ○ ○
	○ ○ ○
	○ ○ ○
	○ ○ ○
	○ ○ ○
	○ ○ ○
	○ ○ ○
	○ ○ ○

 LEAVE FOR LATER

NO NEDD TO DO IT

NOTES

TO DO LIST

 LEAVE FOR LATER

TASK	PRIORITY
▪	○ ○ ○
▪	○ ○ ○
▪	○ ○ ○
▪	○ ○ ○
▪	○ ○ ○
▪	○ ○ ○
▪	○ ○ ○
▪	○ ○ ○
▪	○ ○ ○
▪	○ ○ ○
▪	○ ○ ○
▪	○ ○ ○
▪	○ ○ ○
▪	○ ○ ○
▪	○ ○ ○
▪	○ ○ ○
▪	○ ○ ○
▪	○ ○ ○

❌ NO NEDD TO DO IT

NOTES

TO DO LIST

TASK	PRIORITY

 LEAVE FOR LATER

- ◯ ◯ ◯
- ◯ ◯ ◯
- ◯ ◯ ◯
- ◯ ◯ ◯
- ◯ ◯ ◯
- ◯ ◯ ◯
- ◯ ◯ ◯

❌ NO NEDD TO DO IT

- ◯ ◯ ◯
- ◯ ◯ ◯
- ◯ ◯ ◯
- ◯ ◯ ◯
- ◯ ◯ ◯
- ◯ ◯ ◯
- ◯ ◯ ◯
- ◯ ◯ ◯
- ◯ ◯ ◯
- ◯ ◯ ◯

NOTES

TO DO LIST

TASK	PRIORITY

 LEAVE FOR LATER

☐ _____ ○ ○ ○

☐ _____ ○ ○ ○

☐ _____ ○ ○ ○

☐ _____ ○ ○ ○

☐ _____ ○ ○ ○

☐ _____ ○ ○ ○

☐ _____ ○ ○ ○   ☒ NO NEDD TO DO IT

☐ _____ ○ ○ ○

☐ _____ ○ ○ ○

☐ _____ ○ ○ ○

☐ _____ ○ ○ ○

☐ _____ ○ ○ ○

☐ _____ ○ ○ ○

☐ _____ ○ ○ ○

☐ _____ ○ ○ ○

☐ _____ ○ ○ ○

☐ _____ ○ ○ ○

☐ _____ ○ ○ ○

NOTES

TO DO LIST

Date: ____/____/____

TASK	PRIORITY
▦	○ ○ ○
▦	○ ○ ○
▦	○ ○ ○
▦	○ ○ ○
▦	○ ○ ○
▦	○ ○ ○
▦	○ ○ ○
▦	○ ○ ○
▦	○ ○ ○
▦	○ ○ ○
▦	○ ○ ○
▦	○ ○ ○
▦	○ ○ ○
▦	○ ○ ○
▦	○ ○ ○
▦	○ ○ ○
▦	○ ○ ○
▦	○ ○ ○

 LEAVE FOR LATER

 NO NEDD TO DO IT

NOTES

TO DO LIST

TASK   PRIORITY

 LEAVE FOR LATER

- ○ ○ ○
- ○ ○ ○
- ○ ○ ○
- ○ ○ ○
- ○ ○ ○
- ○ ○ ○
- ○ ○ ○   ❌ NO NEDD TO DO IT
- ○ ○ ○
- ○ ○ ○
- ○ ○ ○
- ○ ○ ○
- ○ ○ ○
- ○ ○ ○
- ○ ○ ○
- ○ ○ ○
- ○ ○ ○
- ○ ○ ○
- ○ ○ ○

NOTES

TO DO LIST

 LEAVE FOR LATER

TASK	PRIORITY
▦	○ ○ ○
▦	○ ○ ○
▦	○ ○ ○
▦	○ ○ ○
▦	○ ○ ○
▦	○ ○ ○
▦	○ ○ ○
▦	○ ○ ○
▦	○ ○ ○
▦	○ ○ ○
▦	○ ○ ○
▦	○ ○ ○
▦	○ ○ ○
▦	○ ○ ○
▦	○ ○ ○
▦	○ ○ ○
▦	○ ○ ○
▦	○ ○ ○

☒ NO NEDD TO DO IT

NOTES

TO DO LIST

TASK

PRIORITY

 LEAVE FOR LATER

○ ○ ○

○ ○ ○

○ ○ ○

○ ○ ○

○ ○ ○

○ ○ ○

○ ○ ○

X NO NEDD TO DO IT

○ ○ ○

○ ○ ○

○ ○ ○

○ ○ ○

○ ○ ○

○ ○ ○

○ ○ ○

○ ○ ○

○ ○ ○

○ ○ ○

○ ○ ○

NOTES

TO DO LIST

TASK   PRIORITY

 LEAVE FOR LATER

- [ ] .... ○ ○ ○
- [ ] .... ○ ○ ○
- [ ] .... ○ ○ ○
- [ ] .... ○ ○ ○
- [ ] .... ○ ○ ○
- [ ] .... ○ ○ ○
- [ ] .... ○ ○ ○

☒ NO NEDD TO DO IT

- [ ] .... ○ ○ ○
- [ ] .... ○ ○ ○
- [ ] .... ○ ○ ○
- [ ] .... ○ ○ ○
- [ ] .... ○ ○ ○
- [ ] .... ○ ○ ○
- [ ] .... ○ ○ ○
- [ ] .... ○ ○ ○
- [ ] .... ○ ○ ○
- [ ] .... ○ ○ ○
- [ ] .... ○ ○ ○
- [ ] .... ○ ○ ○

NOTES

Made in the USA
Monee, IL
10 November 2020